Ursel Scheffler

in London

Illustriert von Johann Brandstetter
und Hannes Gerber

AF202997

Hase und Igel®

Hallo, liebe Detektive,

hier spricht Kugelblitz, Isidor Kugelblitz.
Habt ihr Lust, mit nach London zu reisen?

Diesmal brauche ich eure Hilfe in einem
ganz besonders spannenden Fall: entführte
Pferde, Wettschwindel, ein Banküberfall
mit einer Ziege …

Eigentlich wollte ich ja nur meinen Freund
Inspektor Harry Brown von *Scotland Yard*
besuchen und den Sherlock-Holmes-Preis
in Empfang nehmen – aber dann kam
wieder mal alles ganz anders …

Die Engländer, mit denen ich mich auf meiner Reise unterhalte, sprechen natürlich Englisch! Kein Problem: Erstens habe ich nach jedem Kapitel einen Spickzettel für euch geschrieben, auf dem die englischen Wörter übersetzt werden, und zweitens erklären sich viele Wörter von selbst, wenn ihr einfach weiterlest.

Also: *Welcome to London! Welcome to England!*

Euer *Isidor Kugelblitz*

Für Lehrkräfte gibt es zu diesem Buch ausführliches Begleitmaterial beim Hase und Igel Verlag.

Originalausgabe
© 2004/2015 Hase und Igel Verlag GmbH, München
www.hase-und-igel.de
Lektorat: Patrik Eis
Druck: Grafisches Centrum Cuno GmbH & Co. KG

ISBN 978-3-86760-201-3
11. Auflage 2022

1. Der Pferderäuber

„Ärger, nichts als Ärger!", knurrt Polizei-
obermeister Fritz Pommes und donnert
eine schwarze Akte auf den Stapel mit den
unerledigten Fällen.

„Was ist dir denn heute in aller Frühe
schon über die Leber gelaufen, Pommes?",
erkundigt sich Sonja Sandmann und runzelt
die Stirn.

„Gelaufen? Getrampelt! Galoppiert!",
verbessert Pommes wütend seine Kollegin.
„Eine ganze Herde Pferde! Eine Nacht
lang lagen wir auf der Lauer, um den Kerl
zu erwischen, der reihenweise Pferde in

der Lüneburger Heide entführt. Es war kalt. Ich hab mir fast die Ohren abgefroren. Endlich tauchte morgens gegen vier Uhr neben der Pferdekoppel ein Landrover mit Pferdeanhänger aus dem Nebel auf. Englisches Modell, glaube ich. Fuhr ohne Licht, sehr verdächtig!

Der Fahrer stieg aus. Er holte einen Korb mit Möhren aus dem Wagen und lief auf die Koppel zu. Das war der Pferderäuber! Mit den Möhren wollte er die Pferde an-locken, kein Zweifel!

Es ging alles so schnell, dass ich kaum Zeit hatte, den Kollegen aus Lüneburg zu wecken, der in einiger Entfernung zwischen den Hecken schnarchte.

Ich hielt ihm die Nase zu. Da sprang er auf, fluchte, bekam einen Niesanfall und hat alles vermasselt."

„Wirklich Pech", stimmt Sonja ihrem Kollegen zu und bemüht sich beim

Gedanken an den Niesanfall ernst zu bleiben. „Aber Glück für die Pferde!"

„Stimmt!", seufzt Pommes. „Der Kerl hechtete in seinen Wagen und verschwand im Nebel wie ein Phantom."

„Konntet ihr ihn nicht verfolgen?"

„Wie denn? Wir hatten unser Auto getarnt und am Waldrand versteckt."

„Autonummer?"

„Das Nummernschild war mit Dreck verschmiert und nicht zu erkennen."

„Sonst keine Spuren?"

„Ein paar einigermaßen brauchbare Schuhabdrücke im Lehmboden neben seinen Reifenspuren, Größe 42 und 44 – der große Schuh links, der kleinere rechts. Eine Baseballkappe mit ein paar Haaren drin und eine von den Möhren. Das schicke ich sofort alles ins Labor."

Mit finsterem Blick steuert Pommes die Kaffeemaschine an. Doch ehe er seinen

Morgenfrust mit einer Tasse Cappuccino hinunterspülen kann, klingelt das Telefon im Chefzimmer.

„Gehst du dran? Der Chef ist bei einer Besprechung mit Präsident Bingo", murmelt Sonja. „Und ich bin gerade im Internet."

Genervt schlurft Pommes ins Nebenzimmer und greift nach dem Hörer.

Und jetzt die Fragen an alle Detektive, die beim Spurensuchen auf Draht sind:
- Welche Beweisstücke findet Pommes auf der Koppel?
- Welche Schuhgröße hat der Täter?

2. Anruf aus London

„Kommissariat Kugelblitz, Fritz Pommes am Apparat", meldet sich Pommes.

„*Hello, this is Inspector Brown from Scotland Yard. Do you speak English?*", erkundigt sich eine freundliche Stimme.

„*Oh, sorry. I don't speak English* – äh – *very well*", stottert Pommes und bekommt rote Ohren. „*One moment, please.*"

Mit seinem mageren Englisch will er sich nicht vor einem Inspektor von *Scotland Yard* blamieren.

Er läuft ins Nebenzimmer und bittet wild gestikulierend Sonja Sandmann um Hilfe.

In diesem Augenblick kommt Kugelblitz zur Tür herein. Er hat gerade vom Präsidenten Klaus Bingo für den elegant gelösten Fall „Pantherbande" eine Belobigung bekommen und schwebt auf rosa Wölkchen. Ein Lob von Bingo ist so selten wie eine Hitzewelle in der Eiszeit.

„Was ist los, Pommes? Beim Frühsport? Schattenboxen?", erkundigt er sich mit einem Blick auf seinen mit den Händen rudernden Assistenten.

„Telefon für Sie, Chef", sagt Pommes
und bekommt einen knallroten Kopf.
„Inspektor Brown von *Scotland Yard*!"

„Oh, mein Freund Harry!", sagt Kugelblitz und nimmt rasch den Hörer entgegen.
„Hello, Harry! How are you?", ruft er
fröhlich.

*„Hi, Isy! Nice to talk to you. I've got
good news!"*, verkündet Harry Brown.
Und dann berichtet er, dass der Verband
der Kriminalbeamten in London Kugelblitz
den Sherlock-Holmes-Preis verliehen hat:
die goldene Lupe!

„Thank you very much!", antwortet
Kugelblitz. *„May I speak German?"*

*„Of course! I understand German very
well."*

„Okay", sagt Kugelblitz und lacht. „Jeder
spricht, wie ihm der Schnabel gewachsen
ist: du englisch, ich deutsch. Wie damals in
Chicago. Also, was genau ist los?"

11

Inspektor Brown erzählt, dass er Kugelblitz zur Preisverleihung nach London einladen möchte. *„You can stay at my house. We can go fishing and horse riding at the weekend.“*

„Bei deinem Bruder Jack auf der *Lucky Horse Farm*?“

„That's my plan. Don't forget your fishing boots!“

„Nein, die vergesse ich bestimmt nicht“, antwortet Kugelblitz. „Wann soll ich kommen?“

„First week of May“, schlägt Harry Brown vor.

Kugelblitz überlegt kurz und antwortet dann: „Könnte klappen! Bei Präsident Bingo hab ich im Augenblick einen Stein im Brett. Da wird er mir sicher ein paar Tage Urlaub genehmigen. Der Sherlock-Holmes-Preis – das ist schließlich ein wichtiger Grund.“

Nun die Fragen an alle Detektive, für die auch ein englischer Satz keine Hürde ist:

- Wann soll Kugelblitz nach London reisen?
- Was plant sein Freund Harry mit ihm am Wochenende?
- Welchen Gegenstand soll KK bei der Preisverleihung überreicht bekommen?

13

Kugelblitz' Spickzettel

hello	hallo
This is Inspector Brown from Scotland Yard.	Hier ist Inspektor Brown von *Scotland Yard.*
Do you speak English?	Sprechen Sie Englisch?
sorry	Entschuldigung, Verzeihung
I don't (= do not) speak English very well.	Ich spreche nicht sehr gut Englisch.
One moment, please.	Einen Moment, bitte.
How are you?	Wie geht es dir?
Nice to talk to you.	Schön mit dir zu reden.
I've (= I have) got good news. . . .	Ich habe gute Nachrichten.
thank you very much	vielen Dank
May I speak German?	Darf ich Deutsch sprechen?
of course	natürlich, selbstverständlich
I understand German very well.	Ich verstehe Deutsch sehr gut.
You can stay at my house.	Du kannst bei mir zu Hause wohnen.
We can go fishing and horse riding at the weekend.	Wir können am Wochenende Angeln und Reiten gehen.
Lucky Horse Farm	Name eines Bauernhofs: „Hof der glücklichen Pferde"
That's (= that is) my plan.	Das ist mein Plan.
Don't (= do not) forget your fishing boots.	Vergiss deine Anglerstiefel nicht.
(in the) first week of May	in der ersten Maiwoche

14

3. Pickpockets

Die Lufthansa-Maschine landet pünktlich um 9 Uhr auf dem Flughafen *London Heathrow*. Kugelblitz holt seinen Koffer vom Rollband. Dann muss er durch den Zoll und die Passkontrolle.

Eine große automatische Glastür öffnet sich – und da steht auch schon sein Freund Harry Brown mit ausgebreiteten Armen.

„*Hello, my friend!*", ruft er. „*Welcome to London!*"

„*Hi, Harry!*", lacht Kugelblitz. „Es wird mir richtig warm vor Freude!"

Er zieht seinen Mantel aus und legt ihn auf den Gepäckwagen über den Koffer und die Tasche mit dem Angelzeug.

Auf dem Weg zum Ausgang herrscht ein ziemliches Gewühle. Zwei etwa fünfzehnjährige Jungen drängen sich dicht an ihnen vorbei. Sie folgen einer mit Schmuck behängten Dame, die es scheinbar sehr eilig hat.

Kugelblitz blinzelt überrascht. Täuscht er sich, oder hat der eine Junge eben der Dame blitzschnell in die Tasche gegriffen? Jetzt steckt er einem flinken, rothaarigen Jungen in schwarzer Lederjacke etwas zu. Der flitzt davon. Ein klassischer Fall von Taschendieb-Teamarbeit.

Bei Kugelblitz klingeln sämtliche Alarmglocken. Er erinnert sich noch lebhaft an den Fall Moskitobande, als ihn dreiste Taschendiebe am Hamburger Hauptbahnhof ausraubten. Seitdem hängt seine goldene Taschenuhr fest an der Kette!

Ein Junge mit dunkelblonden Stoppelhaaren rempelt ihn an und sagt: *„Sorry!"*

Und dann spürt KK selbst eine Hand in seiner Hosentasche! Blitzschnell greift er zu. Er umfasst ein schmales Handgelenk. Die Hand lässt die goldene Taschenuhr fallen wie eine heiße Kartoffel. Zum Glück hängt sie an der Kette!

Der Junge will weglaufen. Aber Kugelblitz bleibt stehen wie ein Fels in der Bran-
dung und hält ihn mit eisernem Griff fest.

   „What's the matter?", erkundigt sich
Harry Brown und dreht sich überrascht um.

18

Er erfasst die Situation sofort: *„Ah, a pickpocket! A member of Charly Pickle's airport gang. Clever kids – but not clever enough for you, Isy!"*

Kugelblitz deutet auf die goldene Uhr. „Er hatte die Uhr schon in der Hand. Zum Glück hing sie an einer Kette!"

Der Junge flucht und will sich losreißen. Dann dreht er den Spieß einfach um: *„Help me! Pickpockets!"*, kreischt er frech. Die Leute werden aufmerksam.

Inspektor Brown fasst in seine Brusttasche, um seinen Dienstausweis zu zücken und zu beweisen, dass er kein Taschendieb ist, sondern bei der Polizei arbeitet. Dann ruft er empört: *„Oh no! My wallet is gone!"*

Jetzt kommt zum Glück ein Polizist der Flughafenpolizei, der Brown gut kennt. Gemeinsam bringen sie den verdächtigen Jungen ins Polizeibüro, um ihn zu durchsuchen.

Es stellt sich heraus, dass es Charly Pickles Bruder Johnny Pickle ist.

Die Geldbörse des Inspektors hat er allerdings nicht.

„I'm innocent", sagt er und grinst unverschämt.

„I don't believe him", seufzt Brown. *„But where is my wallet?"*

„Er hat sie bestimmt blitzschnell seinem Komplizen gegeben. Und ich weiß, wie der aussieht!", sagt Kugelblitz.

21

Und dann gibt er den englischen Kollegen eine perfekte Beschreibung: *short red hair, green eyes, blue jeans, black jacket, silver earring: left ear, blue eagle tattoo, yellow socks, age about sixteen, about my size but as thin as a rake.*

Inspektor Brown hat aufmerksam zugehört. Dann sagt er: „*I know her. It's not a boy. It's a girl. Her name is Lola.*"

Der genauen Personenbeschreibung von Kugelblitz ist es zu verdanken, dass Lola noch am gleichen Tag gefasst wird. Sie ist gerade dabei, das Schließfach auszuräumen, in dem sie die Tagesbeute der Pickpocket-Bande gebunkert hat.

„One day in London and you've already solved your first case, Isy!", sagt Harry Brown anerkennend. *„Let's go to the White Horse Pub and have a nice beer!"*

Die Frage an alle Detektive, die sich durch Falschaussagen nicht verwirren lassen:
• Wer stahl die Geldbörse von Inspektor Brown? Ein Junge oder ein Mädchen?

Kugelblitz' Spickzettel

my friend	mein Freund
Welcome to London!	Willkommen in London!
What's (= what is) the matter? . . .	Was ist los?
a pickpocket	ein Taschendieb
a member of Charly Pickle's airport gang	ein Mitglied von Charly Pickles Flughafen-Bande
clever kids	kluge Kinder
but not clever enough for you . . .	aber nicht klug genug für dich

23

Help me!	Hilfe!
Oh no!	Oh nein!
My wallet is gone!	Mein Geldbeutel ist weg!
short red hair	kurzes, rotes Haar
green eyes	grüne Augen
blue jeans	blaue Jeanshose
black jacket	schwarze Jacke
silver earring	silberner Ohrring
left ear	linkes Ohr
blue eagle tattoo	blaue Adler-Tätowierung
yellow socks	gelbe Socken
age about sixteen	Alter: ungefähr sechzehn
about my size *but as thin as a rake*	ungefähr meine Größe, aber dünn wie eine Bohnenstange (wörtlich: dünn wie eine Harke)
I know her.	Ich kenne sie.
It's (= it is) not a boy.	Es ist kein Junge.
It's (= it is) a girl.	Es ist ein Mädchen.
Her name is Lola.	Ihr Name ist Lola. (Sie heißt Lola.)
one day in London	(erst) einen Tag in London
You've already solved your first case.	Du hast schon deinen ersten Fall gelöst.
White Horse Pub	Name einer Wirtschaft: „Wirtshaus zum weißen Pferd"
Let's (= let us) go to the White Horse Pub!	Lass uns ins *White Horse Pub* gehen!
Let's (= let us) have a nice beer!	Lass uns ein schönes Bier trinken!

24

4. The White Horse Pub

Das Wirtshaus zum weißen Pferd ist Harry Browns Stammkneipe. Im *White Horse Pub* trifft sich alles, was im Pferdesport Rang und Namen hat. Auch Harry Brown ist ein Pferdenarr. Allerdings schließt der Inspektor, im Gegensatz zu den anderen Kunden, keine Pferdewetten ab. Sehr zum Leidwesen des Wirts John Donne, der seit einigen Jahren ein ziemlich gut laufendes Wettbüro hat.

Seit einer Weile allerdings klagt er über Probleme. Immer öfter kommt es vor, dass die großen Wettbüros Wetten gegen ihn

halten und ihn unter Druck setzen –
besonders die *Hillroy Company*.

John behauptet, dass sie bei Rennen
betrügen, mit Doping und Bestechung.
Manchmal gewinnen Außenseiter, die
keiner kennt. Und die Betrüger kassieren
hohe Wettgewinne. In letzter Zeit gab es
sogar einige rätselhafte Entführungen von
Favoriten.

Als Kugelblitz und Brown durch die Tür
treten, reden alle durcheinander, weil
gerade die Ergebnisse vom letzten Rennen
in Ascot auf dem Bildschirm angezeigt
werden. Nicht alle der Anwesenden sind
mit dem Ergebnis zufrieden. Aber im
nächsten Rennen läuft Lord Nelson als
haushoher Favorit. Der Hengst ist in Top-
form. Mancher hat sein Monatsgehalt auf
ihn verwettet!

Alle sind gespannt. Aber der Start ver-
zögert sich. Das Telefon auf dem Tresen

klingelt. Die Wirtin greift nach dem Hörer.
Es ist ihr Mann. Er meldet sich direkt von
der Rennbahn. Sie hört ihm wortlos zu und
wird blass.

„Lord Nelson has been kidnapped!",

verkündet sie und sieht in die Runde.

Panik bricht aus. Kugelblitz, der die Aufregung nicht versteht, fragt verwundert:
„Aber Lord Nelson ist doch schon lange
tot, oder?"

Sein Freund Harry klärt ihn auf, dass es
sich in diesem Fall nicht um den berühmten Admiral, sondern um ein fast ebenso
berühmtes Rennpferd gleichen Namens

27

handelt, das auf dem Weg zur Rennbahn spurlos verschwunden ist.

„Solche Entführungen kommen in letzter Zeit häufiger vor", sagt Kugelblitz und berichtet von dem Pferderäuber aus der Lüneburger Heide. „Wir waren dem Kerl kurz vor meiner Abreise nach London dicht auf den Fersen. Aber dann ist er uns leider entwischt. Pommes meint, dass eine internationale Pferdemafia dahintersteckt …"

Jetzt meldet sich Harry Browns Handy mit den Klingeltönen der englischen Nationalhymne. *Scotland Yard* ist am Apparat: Einsatzbefehl!

entschlossen. *„I will call the zoo. "*

Er greift nach dem Telefonhörer und lässt sich von der Telefonzentrale mit der Direktion des Londoner Zoos verbinden. Dort reagiert man amüsiert und versichert, dass von einer Ziege, die in einen Bankraub verwickelt war, nichts bekannt sei. Auch ein Tierpfleger werde nicht vermisst. Die seien im Augenblick alle zur Abendfütterung unterwegs.

„Bingo!", sagt Brown, als er den Hörer auflegt. *„How do you say that in German? Swaaz getroffen, Isy?"*

„Ins Schwarze getroffen!", verbessert ihn Kugelblitz lachend.

„And now?", grübelt Brown.

„Ganz einfach: Jetzt fahnden wir nach der Ziege. Vermutlich führt sie uns zu den Tätern. Wir haben doch fantastische Fotos. Lass ein Steckbild anfertigen, Harry!"

„Why not?", bestätigt Brown. *„A clever*

„I'm coming!", ruft Inspektor Brown und greift nach seiner Jacke. Kugelblitz bezahlt noch rasch seine Zeche. Dann packt ihn Brown am Ärmel und zieht ihn mit sich fort. Draußen wartet der Streifenwagen.

Jetzt die Frage an alle Detektive, die auch in einem verrauchten englischen Pub den Durchblick behalten:

- Was ist der Unterschied zwischen einem General und einem Admiral?

Kugelblitz' Spickzettel

has been kidnapped	ist entführt worden
I'm (= I am) coming!	Ich komme!

29

5. Raub in der City Bank

Die Meldung von *Scotland Yard* lautet:
Raub in der *City Bank*!

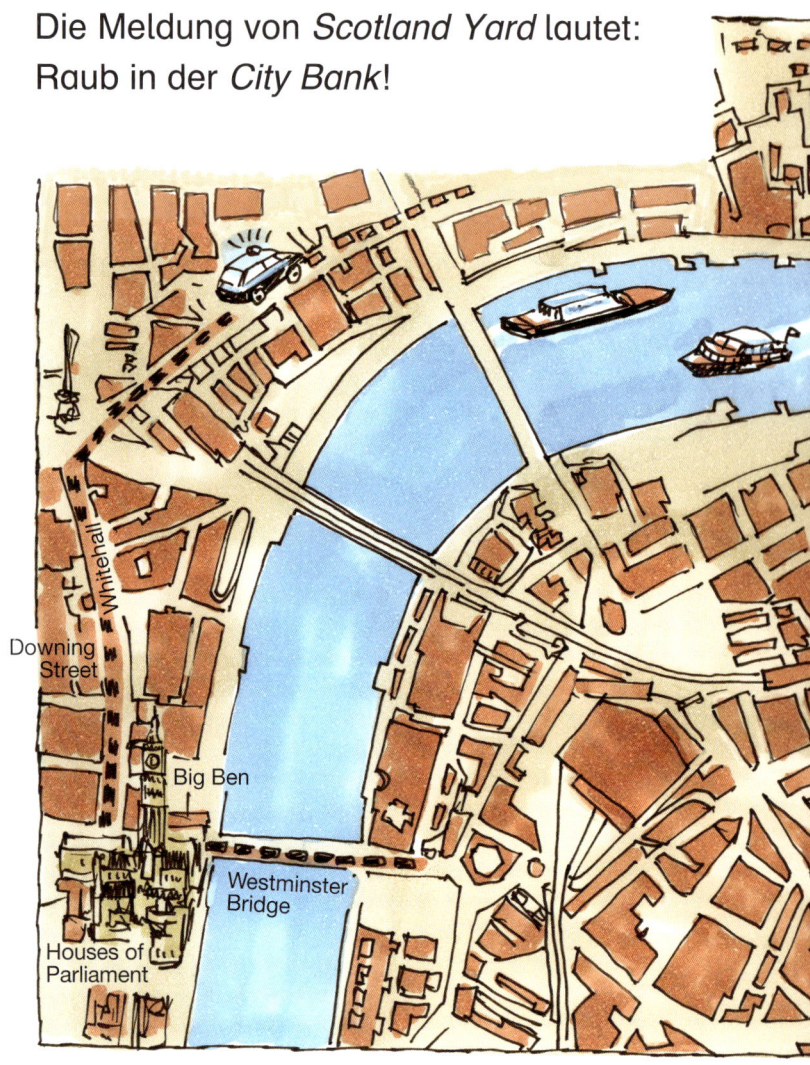

Mit Blaulicht braust der Einsatzwagen in Richtung Innenstadt. In den Kurven quietschen die Reifen.

Kugelblitz krallt sich am Haltegurt fest und rollt mit den Augen. Puuuh, an das Tempo und den Linksverkehr muss er sich erst gewöhnen!

Sie fahren an der Themse entlang. Dann überqueren sie den Fluss auf der

31

Westminster Bridge. Vorbei geht's an den *Houses of Parliament* und *Big Ben.*

Dann rechts ab nach *Whitehall.* Die schmale *Downing Street* lassen sie links liegen. Die *Horse Guards* der *Queen* zucken unter ihren goldenen Helmen nicht mit der Wimper, als das Polizeiauto vorbeirast.

Jetzt geht es die *Fleet Street* entlang in die *City.* Hinter der *St. Paul's Cathedral* erreichen sie das Bankenviertel.

Vor der *City Bank* stehen zwei Streifenwagen. Die Kollegen von der Spurensicherung sind schon da, als *Chief Inspector* Brown den Tatort betritt. Kugelblitz folgt ihm unauffällig. Ihm schwirrt noch der Kopf von der wilden Fahrt.

„A goat came into the bank!", berichtet der Beamte vor Ort aufgeregt.

„A goat?", staunt der *Chief Inspector.*

„A grey goat!", bestätigt der Mann.

32

„Ein grauer Mantel am Tatort?", erkundigt sich Kugelblitz verwirrt.

„No-no-no! Goat, not coat!", verbessert ihn Brown und muss lachen. *„What's the German word? Oh, I think it's* Zicke*!"*

Er deutet mit beiden Zeigefingern Hörner auf seinem Kopf an.

„Du meinst Ziege? Eine Ziege in der Bank? Ziemlich verrückt!", findet Kugelblitz.

„You are right", stimmt Harry zu. *„That's*

33

crazy!"

Ein *bobby,* der zufällig in der Nähe Streifendienst hatte, schildert jetzt ausführlich, was geschehen ist:

Eine Ziege kam um genau 15.13 Uhr in die Schalterhalle gelaufen. Sie löste nicht nur sämtliche Überwachungskameras aus, sondern erregte auch die Aufmerksamkeit und die Heiterkeit von Angestellten und Kunden.

Nur so ist es zu erklären, dass es den Bankräubern möglich war, sich unbemerkt Zugang zum Tresorraum zu verschaffen.

Während oben die Angestellten und Kunden damit beschäftigt waren, die störrische Ziege zu beruhigen und sie mit Sandwiches und Apfelstücken in eine stille Ecke zu locken, räumten die Diebe in Seelenruhe mit einem Nachschlüssel den Banksafe eines Wettbüros aus. Der Safe enthielt Wetteinnahmen in Höhe von einer

Million Pfund, die bis zur Auszahlung der Wetten in der Bank aufbewahrt werden sollten.

„Die Täter müssen ziemlich gut informiert gewesen sein", murmelt Kugelblitz. „Und irgendwie muss einer an den Nachschlüssel zum Schließfach gekommen sein."

„*You are right*", bestätigt Brown. „*But where is the goat now?*"

Der *bobby* berichtet, dass ein besorgtes Mitglied des Tierschutzvereins sofort im Londoner Zoo angerufen habe. Von dort sei ein Tierpfleger gekommen und habe sich um das Tier gekümmert. Er war schneller da als der Notarzt, der sich um den Kassierer kümmern musste, der vor Schreck in Ohnmacht gefallen war.

„*Any traces?*", erkundigt sich *Chief Inspector* Brown.

Ein Beamter der Spurensicherung sagt, dass die Räuber mit Vorsicht und mit

Handschuhen gearbeitet hätten, und dass man bisher keine verdächtigen Hinweise gefunden habe – außer einem Stückchen Ziegenhorn, das abbrach, als das Tier die Marmorwand neben der Damentoilette rammte.

Jetzt kommt der Leiter der Spurensicherung persönlich dazu und bestätigt die Aussage des Polizisten: *„No footprints and no fingerprints, sir."*

„Have you checked the cameras?", fragt Brown und deutet auf die Überwachungskameras an der Decke.

„Yes, we have." Der Leiter der Spurensicherung grinst verlegen. *„A lot of goat pictures!"*

„Könnten wir uns die Aufnahmen einmal ansehen?", fragt Kugelblitz.

„Of course", sagt Brown.

Sie lassen sich von dem zuständigen Bankbeamten das Videoband vorspielen.

„Der Tierpfleger trägt eine ziemlich große Tasche", murmelt Kugelblitz beim Betrachten der Aufnahmen überrascht. „Und er kam schneller als der Notarzt!"

„*What do you mean?*", erkundigt sich Harry Brown neugierig. „*Once more, please!*", fordert er den Beamten auf,

das Band noch einmal abzuspielen.

Tatsächlich: Als der Tierpfleger in die

Bank kommt, hat er nur ein Seil in der Hand.
Aber als er die Bank verlässt, führt er die
Ziege am Seil und trägt in der anderen
Hand eine große Sporttasche.

*„You are right, Isy. He is carrying a
rather big bag!"*, ruft Harry überrascht.

„Ich denke, da ist die Beute drin",
murmelt Kugelblitz. „Oder zumindest ein
saftiger Teil davon. Wir sollten uns mal
im Zoo erkundigen, ob die Ziege und der
flinke Tierpfleger jemals dort angekommen
sind!"

„Ah, I understand!", sagt Brown. *„You
mean he's a member of the gang."*

„Genau. Ich könnte mir vorstellen,
dass der angebliche Tierfreund und auch
der blitzschnell herbeigeeilte Tierpfleger
mit den Bankräubern unter einer Decke
stecken! Die Jungs sind bei dem Überfall
pfiffig und nicht ohne Humor vorgegangen."

„I will check that at once!", sagt Brown

idea!"

So kommt es, dass vom Sender BBC nach
den Abendnachrichten der Steckbrief einer
Ziege ausgestrahlt wird. Besonderes
Kennzeichen: ein etwas kürzeres linkes
Horn. Und am nächsten Morgen lacht
ein Ziegenkopf von den Titelseiten der
meisten Londoner Zeitungen …

Hier die Frage an alle Detektive, die sich
auch von einer Ziege nicht ins Bockshorn
jagen lassen:

• Welche Spur hat die Ziege hinterlassen?
Kugelblitz' Spickzettel

Westminster Bridge	Name einer Brücke in London
Houses of Parliament	Parlamentsgebäude
Whitehall	Straße, an der die Ministerien liegen
Downing Street	Straße, in der Englands Premierminister wohnt und arbeitet
Horse Guards	berittene Garde
the Queen	die Königin
Fleet Street	Straße in London (Presseviertel)
the City	Londoner Geschäfts- und Bankenviertel
St. Paul's Cathedral	St. Pauls Kathedrale
Chief Inspector	Chefinspektor, Hauptkommissar
A goat came into the bank.	Eine Ziege ist in die Bank gekommen.
grey	grau
goat, not coat	Ziege, nicht Mantel
What's (= what is) the German word?	Wie heißt das deutsche Wort?
I think it's (= it is)	Ich glaube, es heißt ...
You are right.	Du hast recht.
That's (= that is) crazy!	Das ist verrückt!
bobby	Spitzname für englische Polizisten
But where is the goat now?	Aber wo ist die Ziege jetzt?

41

Any traces?	Irgendwelche Spuren?
no footprints	keine Fußabdrücke
no fingerprints	keine Fingerabdrücke
sir	englische Anrede: Herr
Have you checked the cameras?	Haben Sie die Kameras überprüft?
Yes, we have.	Ja, haben wir.
a lot of goat pictures	eine Menge Ziegenbilder
What do you mean?	Was meinst du?
once more, please	noch einmal, bitte
He is carrying a rather big bag. . . .	Er trägt eine ziemlich große Tasche.
I understand	ich verstehe
you mean	du meinst
he's (= he is) a member of the gang	er ist ein Mitglied der Bande
I will check that at once.	Ich werde das sofort überprüfen.
I will call the zoo.	Ich rufe den Zoo an.
How do you say that in German?	Wie heißt das auf Deutsch?
And now?	Und jetzt?
Why not?	Warum nicht?
a clever idea	eine schlaue Idee

6. Die rätselhafte Entführung

Es ist ein sonniger Samstagmorgen.

„Come in! I'm in the kitchen!", ruft Harry Brown gut gelaunt, als er Kugelblitz die Treppe herunterkommen hört. *„Did you sleep well?"*

„Fabelhaft", bestätigt Kugelblitz. Und dann schnuppert er. „Hmm! Das riecht ja lecker nach frischem Brot!"

„Good morning!", ruft Anny Brown, die gerade die Zeitung hereingeholt hat. Sie erklärt lachend, dass Harry am Wochenende immer das Frühstück macht, seit die Kinder aus dem Haus sind. Heute hilft ihm sein elfjähriger Neffe Max, der ein paar Tage zu Besuch ist. Er deckt gerade den Tisch im Garten.

„Look!", sagt Anny Brown und deutet auf die Zeitung.

Sie hat auf der Titelseite das Portrait der Ziege und direkt daneben – halb so groß –

ein Foto von Kugelblitz entdeckt.

„Diese Ziege stiehlt mir glatt die Schau!",

schmunzelt Kugelblitz.

Und dann genießen alle das perfekte englische Frühstück im Garten.

Plötzlich stört ein Anruf die Frühstücksruhe.

„*I'm not at home!*", ruft Harry. Er lehnt sich im Gartenstuhl zurück und zündet seine Pfeife an. Max läuft ans Telefon in der Küche.

Kurz darauf kommt er zurück und meldet: *„It's John Donne from the White Horse Pub. He says it's really important!"*

Murrend legt Harry die Pfeife beiseite und geht an den Apparat.

„It's about the horse race in Ascot", sagt er, als er zurückkommt. Und dann berichtet er, dass John ganz außer sich sei, weil ohne Begründung zwei der besten Pferde aus dem königlichen Reitstall aus dem Rennen genommen worden seien: Castor und Pollux. Seine Wetten seien zusammengebrochen! Ein gut informierter Rennplatz-Journalist habe ihm gesagt, da sei Wettschwindel und Erpressung im Spiel.

„A case of blackmail!", sagt Brown. „Was heißt das *in German*? Swaaze Post?"

„Nein, *blackmail* heißt Erpressung", erklärt Kugelblitz. „John meint, dass die Königin von England erpresst wird?"

45

Harry nickt. *„I hope it's not true!"*

„The Queen isn't in London. She's in Australia", bemerkt Anny, die immer über alles gut informiert ist, was im Königshaus passiert. Die Cousine ihrer besten Freundin Jane ist Kammerfrau bei der Königin.

Jetzt läutet das Telefon schon wieder.

„I'm not here!", betont Harry noch mal mit einem genervten Blick. Aber seine Sorge ist diesmal umsonst. Dieses Gespräch ist für seine Frau.

„It's Jane", sagt Anny und lächelt. Sie geht ins Haus.

„That might take a while", sagt Harry und versucht es noch einmal auf Deutsch: „Das kann eine Weile nehmen."

„Du meinst: Das kann dauern?", schmunzelt KK.

Max freut sich, dass die beiden berühmten Detektive zum Angeln auf die *Lucky Horse*

Farm kommen wollen. Der Junge möchte auch einmal Detektiv werden. Die beiden müssen ihm jede Einzelheit von dem Bankraub erzählen.

„A goat in a bank – that's cool!", findet Max. *„A clever trick!"*

Als Anny vom Telefon zurückkommt, ist sie blass und stammelt: *„Jane ... a kidnap ... the dogs of the Queen ... Buckingham Palace ..."*

„What are you talking about?", fragt Harry irritiert.

Anny sieht sich um, ob auch rechts und links vom Gartenzaun keiner zuhört, und sagt dann: *„Top secret! The corgis of the Queen have been kidnapped! Jane says her friend is very upset!"*

Und dann erzählt sie, dass der Hundeführer, der die Lieblinge der Königin während ihrer Abwesenheit im fernen

Australien betreut, im Schlosspark überfallen worden ist. Man hat ihn an einer unübersichtlichen Stelle überwältigt und betäubt. Als er irgendwo in den Büschen aufwachte, waren die Hunde verschwunden.

In seiner Hand lag ein Zettel mit einer Lösegeldforderung: 10 000 englische Pfund! Und als Zeichen, dass man bei Hofe auf ihre Forderung eingeht, sollen heute Castor und Pollux, die beiden Pferde aus dem königlichen Reitstall, aus dem Rennen in Ascot genommen werden.

„Und? Werden sie tun, was die Hundeentführer fordern?", fragt Kugelblitz.

„Jane says they will!", antwortet Anny.

„Das kann man verstehen. Die Königin liebt ihre Hunde eben über alles. Aber Erpressung ist ein Verbrechen und man sollte es keinesfalls auf die leichte Schulter nehmen. Außerdem juckt meine Spürnase. Ich vermute, dass mehr hinter der Sache steckt als ein paar entführte Schoßhündchen", brummt Kugelblitz. „Diese ganzen Entführungen in der letzten Zeit ..."

„*You mean the cases are linked?*", überlegt Harry.

„Jemand nutzt die Abwesenheit der Queen aus, die im fernen Australien weilt", vermutet KK. „Da die Pferde nach den Entführungen der letzten Wochen schwer bewacht werden, ist das vielleicht ein neuer Weg, den Ausgang von Rennen zu beeinflussen ..."

„*Blackmail!*", bestätigt Max fachkundig.

„Swaaze Post", schmunzelt Kugelblitz.

„Mach dir nicht fröhlich über mein slecht *German!*", sagt Harry und droht Kugelblitz scherzhaft mit dem Zeigefinger. „*And now in English: You are right. This is a serious case. Somebody is blackmailing the Queen. I must call Scotland Yard at once!*" Er eilt

zum Telefon.

Und jetzt die Fragen an alle Sprach-
spezialisten, die auch ein gutes Namensgedächtnis haben:

• Was heißt *blackmail* auf Deutsch?

• Wie heißen die beiden Pferde, die über-
raschend aus dem Rennen genommen
wurden?

Kugelblitz' Spickzettel

Come in!	Herein!
I'm (= I am) in the kitchen.	Ich bin in der Küche.
Did you sleep well?	Haben Sie gut geschlafen?
Good morning!	Guten Morgen!
Look!	Schau! Sieh mal!
I'm (= I am) not at home.	Ich bin nicht zu Hause.
from the	vom
he says	er sagt
it's (= it is) really important	es ist wirklich wichtig
it's (= it is) about the horse race	es geht um das

8. Lösegeld

Wenn in *Scotland Yard* das rote Telefon klingelt, bedeutet das Alarmstufe 1. Es ist der „direkte Draht" zu *No. 10 Downing Street*, dem Haus des Premierministers.

Inzwischen sind die entführten Hunde und die Erpressung der Königin zur Staatsaffäre geworden: Der Premierminister persönlich bittet den Präsidenten von *Scotland Yard* eindringlich, den Fall schnellstmöglich aufzuklären.

„I'll put my best man on the case", verspricht der Präsident.

So wird Inspektor Brown mit der Aufklärung der Entführung beauftragt. Der geplante Angelausflug zur *Lucky Horse Farm* fällt daher vorerst ins Wasser. Die beiden Detektive legen stattdessen ihre Angelhaken im Büro von *Scotland Yard*

in Ascot	Pferderennen in Ascot
a case of blackmail	ein Erpressungsfall
in German	auf Deutsch
I hope it's (= it is) not true.	Ich hoffe, es ist nicht wahr.
The Queen isn't (= is not) in London.	Die Königin ist nicht in London.
She's (= she is) in Australia.	Sie ist in Australien.
I'm (= I am) not here.	Ich bin nicht da.
It's (= it is) Jane.	Es ist Jane. (Jane ist dran.)
that's (= that is) cool	das ist cool
a clever trick	ein kluger Trick
a kidnap	eine Entführung
the dogs	die Hunde
Buckingham Palace	Name der königlichen Residenz in London
What are you talking about?	Wovon sprichst du?
top secret	streng geheim
corgis	Corgis (Hunderasse)
have been kidnapped	sind entführt worden
Jane says	Jane sagt
her friend is very upset	ihre Freundin ist sehr aufgebracht
they will	sie werden, das werden sie
You mean the cases are linked?	Du meinst, es gibt eine Verbindung zwischen den Fällen?
and now in English	und jetzt auf Englisch
This is a serious case.	Das ist ein ernst zu nehmender Fall.
Somebody is blackmailing the Queen.	Jemand erpresst die Königin.

51

7. Treffen in der alten Scheune

I must call Scotland Yard at once. . . . .   Ich muss sofort *Scotland Yard* anrufen.

Hinter der alten Scheune an der Themse zieht Nebel auf. Ein Fahrzeug mit abge-

blendeten Scheinwerfern nähert sich dem
Scheunentor. Ein Mann steigt aus und
schließt das alte Vorhängeschloss auf.
Das Tor quietscht in den rostigen Angeln,

als er es jetzt so weit öffnet, dass der Fahrer den Wagen hineinfahren kann. Dann schließt er es wieder. Nur ein schwacher Lichtschein, der durch die Ritzen der Bretterwand fällt, verrät, dass sich nun zwei Männer in dem alten Schuppen befinden.

Die beiden Männer unterhalten sich halblaut. Sie sind in Gaunerkreisen als Joe und Humphrey bekannt: zwei Männer, die für alles zu haben sind, wenn der Preis stimmt.

„Get them out, Joe!", befiehlt Humphrey.

Joe öffnet den Kofferraum und holt drei leblose Körper heraus.

„Are they dead?", erkundigt sich Humphrey erschrocken.

„No, they aren't. Just a little bit sleepy", grinst Joe. *„They will wake up in a few moments. Don't panic!"*

Joe legt die schlaffen Körper auf das Stroh in der Ecke. Es sind die königlichen

Hunde, nach denen inzwischen von *Scotland Yard* fieberhaft gefahndet wird.

Die beiden Männer holen jetzt noch eine Kiste Bier aus dem Wagen und setzen sich

dann neben die schlafenden Hunde ins Stroh.

Sie sind mit ihrem Tagewerk zufrieden. Gestern haben sie jeder 1000 Pfund für ihre Rollen als Tierfreund und Tierpfleger in der Bank bekommen. Heute noch mal jeder 1000 Pfund dafür, dass sie dieser Schlafmütze von königlichem Hundeausführer die Corgis weggenommen haben. Ein Kinderspiel! Und für morgen wurden ihnen noch mal je 1000 Pfund dafür versprochen, dass sie auf einem Kohlenschlepper von der *Tower Bridge* bis zur *Westminster Bridge* fahren und dabei genau um 15.33 Uhr eine Tasche aus dem Wasser fischen, die sie selbst vorher unauffällig hineinwerfen sollen.

Es ist ihnen klar, dass ihr Auftraggeber mit seinen Aktionen Ungesetzliches bezweckt. Aber Joe und Humphrey stellen keine Fragen, wenn es ein ordentliches Sümmchen zu verdienen gibt.

Es raschelt im Stroh. Die Hunde gähnen und beginnen sich zu strecken. Müde blinzeln sie ins Licht.

„Look, our puppies are waking up!", ruft Joe begeistert.

„That's good!", murmelt Humphrey

56

zufrieden. Er mag Hunde. Eine Zeit lang
war er als Jugendlicher mit einem jungen
Schäferhund als Landstreicher unterwegs.
Es hätte ihm leid getan, wenn den Hunden

etwas passiert wäre. Auch wenn ihm diese
fetten Corgis viel zu verwöhnt sind.

Humphrey kramt in der alten Baseball-
tasche, in der ein paar Dosen Hundefutter
stecken. *„Have you got a tin-opener, Joe?“,*
erkundigt er sich.

Joe holt ein großes Schweizer Messer
heraus. An dem befindet sich fast alles,

was ein Mensch zum Überleben braucht –
auch ein Dosenöffner.

Die Hunde stehen zunächst auf wack-
ligen Beinen. Aber dann stürzen sie sich
gierig auf das Futter. Joe und Humphrey
sehen ihnen gönnerhaft zu.

*„By the way: Do you know the guy
who kidnapped Lord Nelson for Mr X?"*,
erkundigt sich der tierliebe Humphrey
nach einer Weile.

„No, I don't", antwortet Joe und nimmt
noch einen Schluck aus der Bierflasche.

*„I hope that they treat all the horses
well"*, bemerkt Humphrey besorgt.
*„Rasputin says they sell them on the black
market in Eastern Europe."*

„Hm", murmelt Joe. *„Mr X loves bets
and races – but I don't think that he likes
horses."*

Humphrey und Joe haben den geheimnisvollen Boss noch nie gesehen. Aber sie

58

wissen auch so, dass er ein gewissenloser Spielertyp ist, der Wetten und Pferderennen liebt und dafür notfalls über Leichen geht. Dass er die Pferde an eine internationale Pferdemafia in Osteuropa verkauft, wie Joes Kumpel Rasputin vermutet, ist ihm

durchaus zuzutrauen.

Nun die Fragen an alle Detektive, die den Unterschied zwischen Whiskas und Chappi kennen:
- Wozu braucht Humphrey einen *tin-opener*?
- Wo und als was sind Joe und Humphrey in dieser Geschichte zum ersten Mal aufgetreten?

Kugelblitz' Spickzettel

Get them out!	Lass sie raus!
Are they dead?	Sind sie tot?
No, they aren't (= are not).	Nein.
just a little bit sleepy	nur ein kleines bisschen schläfrig
They will wake up in a few moments.	Sie werden in wenigen Augenblicken aufwachen.
Don't (= do not) panic!	Nur keine Panik!
our puppies are waking up	unsere Hündchen wachen auf
That's (= that is) good!	Das ist schön!
Have you got a tin-opener?	Hast du einen Dosenöffner?
by the way	übrigens
Do you know the guy, who kidnapped Lord Nelson for Mr X?	Kennst du den Typen, der Lord Nelson für Mr. X entführt hat?
No, I don't (= do not).	Nein.
I hope that they treat all the horses well.	Ich hoffe, dass sie all die Pferde gut behandeln.
they sell them on the black market in Eastern Europe	sie verkaufen sie auf dem Schwarzmarkt in Osteuropa
Mr X loves bets and races – but I don't (= do not) think that he likes horses.	Mr. X liebt Wetten und Rennen – aber ich glaube nicht, dass er Pferde mag.

60

aus: Eine Telefon-Fangschaltung wird eingerichtet.

Dann legen sie sich auf die Lauer. Geduldig warten sie auf den Anruf des Erpressers, der vom königlichen Büro im *Buckingham Palace* direkt an sie weitergeleitet werden soll – natürlich ohne dass es der Anrufer bemerkt.

Aber der Erpresser ist mit allen Wassern gewaschen. Er meldet sich immer nur kurz und von wechselnden öffentlichen Telefonzellen. Zur Übergabe des Lösegelds macht er genaue Angaben: Der Betrag von 10 000 Pfund soll in gebrauchten 20-Pfund-Noten bereitgehalten werden. 100 Pfund davon in Münzrollen.

Mittags um ein Uhr geht die vorerst letzte Mitteilung des Erpressers per E-Mail aus einem Internetcafé beim königlichen Privatsekretär ein.

Sie lautet:

```
THREE O'CLOCK
PUBLIC TELEPHONE
AT BIG BEN
MONEY IN
HARRODS SHOPPING BAG
SEND BUTLER
DRESSED AS A TOURIST
CODEWORD: GOLDFISH
```

Der Privatsekretär benachrichtigt sofort Harry Brown.

„Let's get the money", seufzt der *Chief Inspector*, als er den Hörer auflegt.
Die geforderte Summe liegt im Safe von *Scotland Yard* bereit. Eine Einkaufstüte vom Kaufhaus *Harrods* muss noch beschafft werden.

„And who will play the butler dressed as a tourist?", überlegt Harry Brown laut und sieht Kugelblitz dabei herausfordernd an.

63

„Klar. Ich hab schon verstanden. Ich übernehme den Job", seufzt Kugelblitz. „Butler war schon immer mein Traumberuf!"

Als die berühmte große Glocke des *Big Ben* dreimal schlägt, klingelt das Telefon in dem feuerroten Telefonhäuschen zu dessen Füßen. Ein rundlicher, harmlos aussehender Tourist mit einer *Harrods*-Einkaufstüte nimmt den Hörer ab und murmelt das vereinbarte Codewort: *„Goldfish."*

Eine elektronisch verzerrte Stimme sagt: *„Put the money in the waterproof bag on your right. Take the taxi at the corner. Meeting point: Tower Bridge, half past three. Secret eyes are watching you! No contact with the police! No telephone calls – or the dogs will die!"*

Klick – die Verbindung bricht ab.

Rechts unten in der Telefonzelle entdeckt Kugelblitz tatsächlich eine schwarze

Sporttasche mit einem
wasserdichten Innenbeutel.
Er packt das Geld aus
der *Harrods*-Tüte
hinein, so wie es die
Blechstimme von ihm
verlangt hat.

   Hastig notiert er Ort
und Zeitpunkt der
geplanten Geldüber-
gabe auf einem Zettel.
Da er ein Durchschlagpapier von einem
Quittungsblock verwendet, drückt sich die
Schrift auf die Unterlage durch. Als er die
Telefonkabine verlässt, steckt er – für
einen Beobachter deutlich sichtbar – den
bekritzelten Zettel in seine Jackentasche.

Ein Schuljunge wartet schon eine Weile
ungeduldig neben der Telefonzelle. Jetzt
schlüpft er in die rote Kabine.

Es ist Max. Er wählt die Telefonnummer seines Onkels bei *Scotland Yard*.

„Uncle Harry? This is Max. Listen!"

Und dann liest er ihm vor, was Kugelblitz in der Telefonzelle auf den Zettel gekritzelt hat: *„Meeting point: Tower Bridge, half past three."*

„Well done, Max!", lobt *Chief Inspector* Brown seinen Neffen. Und dann greift er zum Telefon und trifft seine Maßnahmen.

So kommt es, dass eine halbe Stunde später zwei harmlose Angler und ein Zeitungsverkäufer an der *Tower Bridge* auftauchen. Kugelblitz, der inzwischen mit dem Taxi angekommen ist, erkennt an ihren blank geputzten Schuhen, dass es hastig verkleidete Beamte von *Scotland Yard* sein müssen. Assistent Max hat also seine Informationen pünktlich weitergegeben!

KK begibt sich mit der schwarzen Sporttasche auf die Brücke. Als er um Punkt
halb vier fast in der Mitte angekommen ist,
bohrt sich ein harter Gegenstand zwischen
seine Rippen. Ein Revolver? Oder nur ein
kräftiger Zeigefinger oder ein Regenschirm?
Schwer zu sagen, wenn man hinten keine
Augen hat.

„Don't turn around!", knurrt eine energi-
sche Stimme.

Kugelblitz dreht sich nicht um. Schließlich ist er nicht lebensmüde! Und dann
geht alles ganz schnell … Kugelblitz wird
in Richtung Brückengeländer gedrückt und
denkt: „Der wird mich doch wohl nicht in
die Themse stoßen wollen?"

In diesem Augenblick befiehlt die
Stimme: *„Throw the bag into the river …
one, two, three …"*

Kugelblitz wird so heftig nach vorne
gestoßen, dass er fast mit der Tasche

über das Geländer purzelt. Während der „Geldbeutel" nach unten fällt, tuckert ein langer Lastkahn unter der Brücke hindurch.

Als der Druck zwischen seinen Rippen nachlässt, dreht sich Kugelblitz um. Aber da ist sein „Hintermann" längst untergetaucht.

Dafür werden jetzt die Angler und der Zeitungsverkäufer von *Scotland Yard* aktiv. Sie verständigen die Wasserpolizei und lassen den Lastkahn verfolgen, der – deutlich sichtbar – die Tasche mit dem Lösegeld aufgefischt hat.

Eine Viertelstunde später stoppen sie ihn kurz hinter der *Westminster Bridge.*

Joe und Humphrey mimen harmlose Seeleute. *„The bag from the bridge? Do you want to see it?"*, fragt Joe.

Er holt die Tasche. Sie ist noch nass und bis auf ein paar Zeitungen – leer.

Auch eine genaue Untersuchung des Schiffes bringt keine Spur von dem Lösegeld zum Vorschein. Pech auf der ganzen Linie. Wo ist das Lösegeld bloß hingekommen? Die Beobachter von *Scotland Yard* versichern, dass sie den Kahn keine Sekunde aus den Augen gelassen haben. Die Personalien von Joe und Humphrey werden aufgenommen. Dann lässt man sie weiterfahren. Fehlanzeige!

Zum Glück halten sich die Erpresser an ihr Versprechen und lassen die Hunde frei.

Um fünf Uhr findet ein *bobby* die herrenlosen Tiere auf einer Wiese im *Hyde Park*. Sie sind an einer Bank angebunden. Passanten haben sich darüber aufgeregt, dass die Tiere dort in ihrer Not mehrere Häufchen hinterlassen haben. Der Polizist nimmt die Hunde als Fundsache mit aufs Revier.

71

Dort liegt inzwischen – *top secret* – die Fahndung nach den vierbeinigen Mitgliedern der königlichen Familie vor. Ein Anruf im *Buckingham Palace* zaubert den erleichterten Hundebetreuer herbei, den die Entführungsopfer freudig begrüßen.

Hier die Frage an alle Detektive mit durch-
schlagenden Ideen:

- Auf welche raffinierte Weise übermittelt
  Kugelblitz seinem Assistenten Max
  unauffällig eine wichtige Nachricht?

Kugelblitz' Spickzettel

I'll (= I will) put my best man on the case.	Ich werde meinen besten Mann auf den Fall ansetzen.
three o'clock	drei Uhr
public telephone at Big Ben	öffentliche Telefonzelle beim *Big Ben* (Glockenturm des Parlamentsgebäudes)
money in Harrods shopping bag	Geld in einer Einkaufstüte von *Harrods* (großes Kaufhaus in London)
Send (a) butler dressed as a tourist.	Schicken Sie einen Diener, der wie ein Tourist angezogen ist.
code word	Codewort
goldfish	Goldfisch
Let's (= let us) get the money. . . .	Lasst uns das Geld holen.
Who will play the butler ...?	Wer spielt den Butler ...?

73

Put the money in the waterproof bag.	Legen Sie das Geld in den wasserdichten Beutel.
on your right	rechts, zu Ihrer Rechten
Take the taxi at the corner.	Nehmen Sie das Taxi an der Ecke.
meeting-point	Treffpunkt
Tower Bridge	berühmteste Brücke in London
half past three	halb vier
Secret eyes are watching you! . .	Sie werden von unsichtbaren Augen beobachtet!
no contact with the police	kein Kontakt mit der Polizei
no telephone calls	keine Telefonanrufe
or the dogs will die	oder die Hunde werden sterben
uncle	Onkel
This is Max.	Hier ist Max.
Listen!	Hör zu!
Well done!	Gut gemacht!
Don't (= do not) turn around! . . .	Nicht umdrehen!
Throw the bag into the river.	Werfen Sie die Tasche ins Wasser.
one, two, three	eins, zwei, drei
Do you want to see it?	Wollen Sie sie sehen?
Hyde Park	Stadtpark von London

9. Die Preisverleihung

„Ein nur halb gelöster Fall", seufzt Kugelblitz, als er sich am Abend gemeinsam mit
seinem Freund Harry auf den Weg zur
Verleihung des Sherlock-Holmes-Preises
macht. Es klingt ein wenig unzufrieden.
Halbe Sachen mag er nicht.

Vor dem Essen ist ein Empfang im
großen Ballsaal des Hotels *Savoy*. Auch
der Stifter des Preises, Lord Hillroy, ist
eingeladen. Seine Gattin ergreift die
Gelegenheit, um ihr neuestes pinkfarbenes
Modellkleid vorzuführen. Es ist immerhin
vom Schneider der *Queen* angefertigt!
Lächelnd lässt sie sich von allen Seiten
fotografieren. Auch Lord Hillroy genießt
die Aufmerksamkeit der Presse. Er hat in
den letzten Jahren reichlich Geld für wohl-
tätige Zwecke gespendet.

„Ich tue Gutes und ihr redet gefälligst
darüber!", ruft er den Journalisten scherzhaft zu.

Man munkelt von zeitweiligen Finanz-
schwierigkeiten Lord Hillroys. Aber es ist
ihm offenbar immer noch genug übrig
geblieben, dass er sich eine Privatmaschine,
eine kleine Yacht auf dem Mittelmeer und
ein paar teure Rennpferde leisten kann.
Lord und Lady Hillroy verkehren, seit sie
vor einigen Jahren ihren Adelstitel bekommen haben, in den besten Kreisen.

„Ah, good evening, Chief Inspector!",
ruft Lord Hillroy erfreut, als er Harry Brown
entdeckt. Ein geringschätziger Blick streift
Kugelblitz, der in seinem einfachen, etwas
engen Anzug neben den eleganten Gästen
recht bescheiden aussieht.

„This is my friend from Germany:
Mr Kugelblitz", sagt der *Chief Inspector,*
„the prizewinner."

„Oh", sagt Lord Hillroy und zieht überrascht die linke Augenbraue hoch, *„nice to*
meet you!"

„He's a world-famous detective. He just solved the case of the goat in the bank!"

„Oh, have you found the goat?", erkundigt sich Hillroy überrascht.

„It's only a question of time!", versichert Brown großspurig.

„Let's hope that he'll find the kidnapper of the horses as well. Everybody is shocked!", sagt Hillroy mit Abscheu in der Stimme.

„We're doing our very best!", verspricht Kugelblitz.

Als alle versammelt sind, hält der Polizeipräsident persönlich eine lange Lobrede auf Kugelblitz. Danach nimmt der Ehrengast unter dem Applaus der anwesenden Ehrengäste auf der Bühne des Saales die Auszeichnung in Empfang. Kugelblitz bedankt sich mit kurzen, aber geistreichen Worten. Zum Glück wird das Knurren seines ungeduldigen Magens vom freundlichen Beifall der Anwesenden übertönt.

Ein letztes Mal blitzen die Kameras der versammelten Journalisten. Dann gibt es – endlich – etwas zu essen!

Isidors Augen leuchten, als er sieht, dass sein Lieblingsnachtisch auf dem Menü steht. Das Wasser läuft ihm in Sturzbächen im Mund zusammen.

„Eisbrecher mit Erdbären und Schlafsahne!", sagt Harry Brown und blinzelt seinem Freund vergnügt zu.

„Dein Deutsch wird immer lustiger, lieber Harry!", freut sich Kugelblitz.

Zwei Fragen an alle guten Beobachter:
- Welche Farbe hat Lady Hillroys Kleid?
- Was ist Kugelblitz' Lieblingsnachtisch?

Kugelblitz' Spickzettel

good evening	guten Abend
This is my friend from Germany.	Dies ist mein Freund aus Deutschland.
the prizewinner	der Preisträger
Nice to meet you!	Schön Sie kennenzulernen!
a world-famous detective	ein weltbekannter Detektiv
He just solved the case of the goat in the bank.	Er hat gerade den Fall mit der Ziege in der Bank gelöst.
Have you found the goat?	Haben Sie die Ziege gefunden?
It's (= it is) only a question of time.	Es ist nur eine Frage der Zeit.
Let's (= let us) hope that he'll (= he will) find ... as well.	Lassen Sie uns hoffen, dass er auch ... findet.
everybody is shocked	alle sind schockiert
We're (= we are) doing our very best!	Wir tun unser Bestes!

79

10. Lucky Horse Farm

„Dass wir die Ziege aus der Bank noch nicht gefunden haben, wurmt mich sehr", sagt Kugelblitz, als er mit Brown am nächsten Morgen endlich mit dem Auto aufs Land zum Fischen fährt.

„Es wurmt dich? *Save your worms for fishing!*", lacht Brown.

„Nun, vielleicht ist die Ziege längst irgendwo in einer Pfanne gelandet", befürchtet Kugelblitz.

„But we've found the dogs of the Queen!", sagt Brown. „Da haben wir Ferkel gehabt!"

„Du meinst: Schwein gehabt", lacht Kugelblitz. „Ja, schon. Aber wir haben die Entführer nicht geschnappt", ergänzt er mit gerunzelter Stirn. „Ich löse die Fälle lieber ganz!"

„Manchmal schnappst man sie und manchmal schnappst man sie nicht! *That's life",* tröstet ihn sein Freund.

Es beginnt zu regnen.

Harry lässt seine Lieblingskassette von den Beatles laufen: *„We all live in a yellow submarine …"* Und so fahren sie einfach unter dem Regen hindurch – als wären sie selbst in einem gelben U-Boot.

„Ich Idiot!", sagt Kugelblitz plötzlich. *„Waterproof!"*

Er deutet auf eine Werbung für Regenmäntel, die an einer Plakatwand hängt.

„Waterproof? Of course, raincoats must be waterproof", sagt Harry verwirrt. „Das heißt wasserdicht, oder?"

„Der Erpresser sagte, ich solle das Geld in *a waterproof bag,* eine wasserdichte Tasche, legen. Und wir sollten einen Teil des Geldes in Münzen dazutun. Und weißt du, warum? Die Tasche sollte sinken! Mit Papiergeld wäre sie geschwommen, eine Weile wenigstens. Während die Männer auf dem Lastkahn bestimmt eine zweite, leere Tasche ins Wasser fallen ließen und wieder herausfischten, schnappte sich ein anderer die echte, schwere Lösegeld-tasche. Vermutlich ein Taucher, der unter der *Tower Bridge* auf der Lauer lag!"

„You are right, Isy! And we are idiots! We followed the boat! It was a trap ...", seufzt Harry.

„Wir sollten uns die beiden Burschen vom Lastkahn noch mal näher ansehen, wenn wir zurück sind. Ich bin überzeugt, dass sie mit dem Erpresser unter einer Decke stecken."

„But first we'll go fishing!", sagt Harry. Es klingt fast trotzig.

Auf der *Lucky Horse Farm* werden sie herzlich begrüßt. Die Regenwolken haben sich verzogen. Max ist schon da. Er kann es gar nicht erwarten, Kugelblitz überall herumzuführen. Als Erstes zeigt er ihm sein Zimmer. Es liegt im ersten Stock und man hat eine herrliche Aussicht auf die Pferdekoppel und den Ententeich.

„This is our pond. I like to feed the ducks and the geese. Over there is our dog Bill. The cats live in the barn. They've had kittens."

Max erklärt, dass die Scheune am Waldrand sein Lieblingsplatz ist. Manchmal

darf er in den Ferien mit seinen Freunden dort im Stroh übernachten.

„Trotzdem: Ich glaube, ich schlafe lieber hier und nicht im Stroh!", versichert ihm Kugelblitz lachend.

Nach dem Rundgang gibt es Abendbrot in der großen Küche des Bauernhauses.

Außer Max sind noch seine Mutter Rose und seine Schwester Jessica da. Max' Vater Jack kommt etwas später dazu. Er hat auf dem Pferdemarkt ein neues Fohlen gekauft.

Eine neue Pferdeentführung in der Nachbarschaft ist *das* Gesprächsthema auf dem Markt gewesen. Jack berichtet, wie aufgebracht alle Pferdebesitzer waren.

„And quite rightly!", ruft Jessica empört. *„Poor animals! It's a shame!"*

Es wird fast Mitternacht, bis schließlich alle ins Bett gehen.

Kugelblitz fallen im Nu die Augen zu.

Aber dann wacht er auf, mitten in der
Nacht: Der Hund bellt wie verrückt. Gänse
und Enten schnattern aufgeregt. Lichter
gehen an. In Pyjamas und Nachthemden
laufen die Farmbewohner hinaus und
geistern wie Nachtgespenster über den
ganzen Hof.

Es dauert gar nicht lange, da entdecken sie den Grund für die Aufregung der Tiere: Ein Pferd liegt bewegungslos auf der Weide!

„*Oh no!*", schreit Max außer sich. „*It's Fury!*" Tränen schießen in seine Augen, als er sein Lieblingspferd leblos auf der Wiese liegen sieht.

„*One moment, please!*", ruft Kugelblitz den Farmleuten zu. „*Don't run around all*

*over the place! We must look for clues
and evidence!"*

„*And we must call the vet. Maybe it's
not too late!*", ruft Jessica. „*Fury is still
breathing!*" Sie rennt zum Telefon, um
schnellstens den Tierarzt herbeizurufen.

Kugelblitz findet tatsächlich eine
wichtige Spur: einige deutliche Fußabdrücke im vom Regen aufgeweichten
Boden vor dem Pferdestall!

„*May I use your phone?*", fragt Kugelblitz. „Darf ich mal telefonieren?"

„*In the middle of the night?*", wundert
sich Harry.

„Ich möchte meinen Assistenten Fritz
Pommes anrufen. Ich bin sicher, dass ich
diesen Fußabdruck im Zusammenhang mit
dem Fall Pferderäuber schon mal gesehen
habe! Und keiner kennt sich da so gut aus
wie Pommes ..."

Pommes träumt gerade von Inselferien auf Mallorca und einer hübschen Tauchlehrerin, da klingelt das Telefon auf dem Nachttisch.

Hastig reibt er sich den Schlaf aus den Augen und drückt den Hörer ans Ohr. Es dauert ein Weilchen, ehe er begreift, dass es sein Chef ist und was er von ihm will.

„Fußabdrücke? Zwei verschieden große Stiefel? Ungefähr Größe 44 und Größe 42? Damit kann ich dienen", versichert er dann rasch. „Jaja, die stammen vom Pferderäuber!", fügt er eifrig hinzu.

„Habt ihr das Untersuchungsergebnis der Möhren aus dem Labor bekommen?", fragt Kugelblitz.

„Haben wir!"

„Sofort an die *Lucky Horse Farm* mailen, damit der Tierarzt weiß, was er tun muss. Vielleicht ist Fury noch zu retten!"

„Mach ich sofort!", versichert Pommes. „Ich hab alles hier auf meinem Laptop. Auch die E-Mail-Adresse der Farm."

„Fabelhaft, Pommes! Packen Sie die Gipsabdrücke dieser Fußspur und alle Unterlagen vom Fall Pferderäuber ein und fliegen Sie gleich morgens mit der 8.15-Uhr-Maschine nach London. Sie werden am Flughafen abgeholt. Wir warten auf der *Lucky Horse Farm* auf Sie."

„Okay, Chef! Bin schon unterwegs ...", ruft Pommes und springt aus dem Bett. Jetzt ist er hellwach! In zwei Minuten ist er angezogen. Er reserviert seinen Flug im Internet, packt das Allernötigste zusammen und fährt auf dem Weg zum Flughafen am Büro vorbei, um das gewünschte Beweismaterial zu holen.

91

Und nun einige Fragen an alle Detektive mit gutem Namensgedächtnis:

- Wie heißt das Lieblingspferd von Max?
- Wie heißt die Schwester von Max?
- Wie lautet der Vorname seines Vaters?
- Und wie heißt die Farm?

Kugelblitz' Spickzettel

Save your worms for fishing!	Heb dir deine Würmer fürs Angeln auf!
But we've (= we have) *found ...*	Aber wir haben ... gefunden.
that's (= that is) life	so ist das Leben
we all live in a *yellow submarine*	wir leben alle in einem gelben U-Boot
raincoats must be waterproof . . .	Regenmäntel müssen wasserdicht sein
we are idiots	wir sind Idioten
we followed the ship	wir sind dem Schiff gefolgt
it was a trap	es war eine Falle
But first *we'll (= we will) go fishing!*	Aber zuerst gehen wir Angeln!

our pond	unser Teich
I like to feed the ducks	Ich mag es, die Enten
and the geese.	und die Gänse zu füttern.
over there	dort drüben
	Die Katzen
The cats live in the barn.	leben in der Scheune.
They've (= they have)	Sie haben
had kittens.	Junge bekommen.
And quite rightly!	Und zwar mit Recht!
poor animals	arme Tiere
It's (= it is) a shame!	Es ist eine Schande!
Don't (= do not) run around	
all over the place!	Rennt nicht überall herum!
We must look for clues	Wir müssen nach Spuren
and evidence!	und Beweisen suchen!
	Wir müssen
We must call the vet.	den Tierarzt holen.
	Vielleicht ist es
Maybe it's (= it is) not too late. ..	noch nicht zu spät.
Fury is still breathing. . . ,.....	Fury atmet noch.
in the middle of the night	mitten in der Nacht

11. Pommes am Tatort

Fritz Pommes trifft gegen 9 Uhr in London ein. Es ist sein erster Aufenthalt in England. Der Fahrer von *Scotland Yard* holt ihn am Flughafen ab.

„How was your flight?", fragt er.

„Oh, very good!", antwortet Pommes.

„What's the weather like in Germany?"

„Oh, very good!", antwortet Pommes.

„Now we're driving to the Lucky Horse Farm", erklärt der Fahrer.

„Oh, very good!", antwortet Pommes.

Der Fahrer nimmt zur Kenntnis, dass sein Gesprächspartner einen sehr be-

grenzten englischen Wortschatz hat.
Trotzdem bleibt er freundlich. Er erklärt
alle Sehenswürdigkeiten, an denen sie
vorbeifahren.

„Is this your first trip to London?", fragt
der Fahrer weiter.

„Yes", anwortet Pommes.

„Are you hungry?"

„Yes!", antwortet Pommes.

„Do you like fish and chips?"

„Sorry. Fish and ... what?", fragt
Pommes nach.

„Fish and chips!"

„Computer chips?"

Der Fahrer lacht amüsiert. *„Chips means
fried potatoes.* Pommes frites."

„Aaaah! Das Wort sollte ich eigentlich
kennen", murmelt Pommes und grinst
etwas verlegen.

Sie halten an einem kleinen *fish and
chip shop.*

95

„*Quick and cheap*", sagt der Fahrer, als sie den knusprigen Fisch und die Pommes aus der Tüte essen. „*Do you like it?*"

„*Yes!*", antwortet Pommes und strahlt zufrieden. Das war seine erste englische Unterhaltung in England. Lief doch ganz gut, oder? Das hätte Sonja Sandmann mal hören sollen, die immer so über seine Englischkenntnisse spottet …

Nach einer Stunde Fahrt nähern sie sich der *Lucky Horse Farm.* Sie fahren eine Weile zwischen Pferdeweiden an einem kleinen Fluss entlang.

„The river is good for fishing", erklärt der Fahrer. *„And the farmhouse is right behind the hill."*

Da taucht der Bauernhof auch schon auf. Das Hoftor ist weit geöffnet. Man erwartet sie schon.

„Hallo, lieber Pommes! Schön, dass Sie so schnell gekommen sind!", ruft Kugelblitz erfreut und kommt seinem Assistenten entgegen.

„Ehrensache, Chef", versichert Pommes und holt den Koffer mit den Pferderäuber-Unterlagen und den großen Schuhkarton mit den Gipsabdrücken aus dem Wagen. Dann folgt er Kugelblitz ins Bauernhaus.

Harry und sein Bruder Jack sitzen noch beim Frühstück. Der Rest der Familie ist im Pferdestall, wo sich der Tierarzt bemüht, Furys Leben zu retten.

Kugelblitz stellt Jack und Harry seinen Assistenten vor. Dann erzählt er Pommes kurz, was alles passiert ist. Pommes hört interessiert und voller Staunen zu. Seine ungeteilte Aufmerksamkeit gehört Kugel- blitz. Bis die Tür aufgeht und Jessica Brown

hereinkommt, die Schwester von Max.
Sie strahlt übers ganze Gesicht und sagt:
„Fury is getting better!"

Sie berichtet, dass der Arzt das richtige Gegenmittel gespritzt hat, nachdem er wusste, welches Betäubungsmittel die Möhren enthielten.

„Diese lebenswichtige Information verdanken wir diesem jungen Mann hier", sagt Kugelblitz und deutet auf Pommes.

„Oh, really?", ruft Jessica begeistert. *„Thank you so much!"*

Sie fällt Pommes um den Hals und gibt ihm einen Kuss auf die Wange. Pommes bekommt einen knallroten Kopf vor Verlegenheit.

Kugelblitz lächelt und sagt: „Und jetzt, lieber Pommes, wollen Sie sicher den Tatort besichtigen? Miss Jessica wird Sie bestimmt gern begleiten und Ihnen alles Wichtige berichten. Da können Sie gleich ihr Englisch ein bisschen trainieren, *my dear* Pommes!"

„*Yes, sir!*", sagt Pommes und strahlt, als sei eben erst die Sonne aufgegangen. Mit freudigem Herzklopfen folgt er Jessica auf die Weide.

Kugelblitz sieht ihm nach und sagt zu Jack und Harry: „Der gute Pommes sah ja aus, als hätte ihn der Blitz getroffen! Na, wenn der sich verliebt, dann gibt es meistens Probleme!"

Die Sorge ist zum Glück vorerst unberechtigt. Pommes kehrt nach einiger Zeit wieder mit Jessica vom Ausflug zum Tatort zurück und sagt voller Stolz: „Er war es! Die Fußspuren stimmen überein!"

Er deutet auf den Pappkarton mit den Gipsabdrücken, an denen nun feuchte Erde hängt. Sie haben genau in die Spuren gepasst!

„Dann kennen wir jetzt die Haarfarbe und die vermutliche Herkunft des Täters", sagt Kugelblitz. „Er hat nämlich am letzten Tatort in Deutschland bei der Flucht seine Kappe verloren. In der fand unser Labor ein paar Haare. Sie sind schwarz. Wir haben außerdem mit Hilfe einer neuen Analyse festgestellt, dass der Mann sich längere Zeit in Italien aufgehalten hat!"

„*Really?*", staunt Brown.

„*Yes, sir!*", bestätigt Pommes.

„Wie gut, dass Sie so gut an ihren englischen Sprachkenntnissen gearbeitet haben, Pommes", lobt Kugelblitz seinen Assistenten.

„Ich möchte gleich noch ein wenig mehr praktisches Englisch üben, Chef. Ich bin mit Miss Jessica verabredet. Wir wollen ausreiten."

„Können Sie denn überhaupt reiten, Pommes?"

„Ein wenig. Hab ich auf der Polizei-
schule gelernt", versichert Pommes stolz.

Endlich finden Kugelblitz und Brown eine
Stunde Zeit, um zum Angeln zu gehen.
Gemeinsam laufen sie zum Fluss.

Während Kugelblitz die Angel immer
wieder vergeblich auswirft, fängt Harry
einen tollen Hecht.

„Ein schöner Füss am Hacken", freut er sich.

„Schöner Fisch am Haken", verbessert ihn Kugelblitz.

Als sie nach Hause kommen, kommt ihnen Pommes aufgeregt entgegengelaufen.

„Chef, ich hab eine Ziege verhaftet!"

„Eine Ziege?", vergewissert sich KK.

„*Yes, sir!*", antwortet Pommes stolz. „Sie war in der Scheune am Waldrand. Sie hat jämmerlich gemeckert, als wir vorbeiritten. Hat vermutlich tagelang nichts gefressen, das arme Vieh. Miss Jessica hat gesagt, dass es eine steckbrieflich gesuchte Ziege ist und dass man eine Belohnung bekommt!"

„Wenn es die Ziege ist, die am Banküberfall beteiligt war, dann könnt ihr euch über 1000 Pfund freuen!", sagt Kugelblitz. „Aber das müsst ihr erst beweisen."

„I think the goat belongs to the Circus Zabbaione in Putney", sagt Max.

Vor einigen Wochen war er dort mit Jessica in einer tollen Zirkusvorstellung. Auch eine Ziege gehörte zum Programm. Allerdings hatte sie kein abgebrochenes Horn.

„Das ist auch erst beim Banküberfall abgebrochen!", sagt Kugelblitz.

„Okay. Let's ask the circus people!", ruft Harry Brown und geht zum Telefon.

105

Es stellt sich heraus, dass am Tag vor dem Banküberfall tatsächlich eine Ziege aus dem Zirkus Zabbaione in Putney verschwunden ist. Die Zirkusleute hatten Roma dafür verantwortlich gemacht, die in der Nähe kampierten.

„Außerdem vermissen wir auch einen unserer Pferdeburschen", berichtet der Zirkusdirektor Signore Zabbaione. „Er heißt Lauro und kommt aus Italien. Ich wollte mich allerdings sowieso von ihm trennen, weil er bei der Dressur zu grob mit den Pferden umgegangen ist."

106

„Ist dieser Lauro dunkelhaarig?", erkundigt sich Kugelblitz, der das Gespräch am Nebenapparat mithört.

„Natürlich. Wie die meisten Italiener", sagt Zabbaione und lacht.

„Haben Sie ein Foto von ihm?", forscht KK.

„Er wollte nie fotografiert werden. Dabei sah er ganz gut aus. Aber ich glaube, meine Tochter Isabella hat einmal beim Training ein Foto von ihm gemacht", überlegt Signore Zabbaione.

„Könnten Sie das Foto besorgen?", bittet Kugelblitz.

„Claro", versichert der Italiener. „Lauro hat es zerrissen. Aber meine Tochter hat einen neuen Abzug gemacht. Wir haben Fotos von allen unseren Mitarbeitern und auch von den Tieren in unserer Kartei."

„Wenn dieser Lauro die Ziege aus dem Zirkus gestohlen hat, ist er in den Banküberfall verwickelt. Aber obwohl ich das Gefühl habe, dass der Raub der Wettgelder, der Wettschwindel und die Erpressung irgendwie zusammenhängen, haben wir damit immer noch nicht unseren Pferderäuber", überlegt Kugelblitz. „Allerdings sagte Zabbaione, dass Lauro grob mit den Pferden umgegangen sei. Hm. Außerdem lagen das Versteck der Ziege und der letzte Tatort des Pferderäubers dicht beieinander: hier auf der *Lucky Horse Farm*! Lasst uns nach Lauro suchen!"

108

„Ob Lauro eine Reitkappe getragen hat,
Chef? Vielleicht finden wir ja wieder ein
Haar darin, oder ein paar Reitstiefel.
Dann können wir eindeutig nachweisen,
dass der Ziegenräuber auch der Pferde-
räuber ist!"

109

„Gute Idee! Pommes, du übertriffst dich selbst. Reite nach dem Essen mit Jessica zum Zirkus und fahnde nach Stiefeln, Reitkappe und Ziegenfoto!"

„*Yes, sir!*", sagt Pommes und wird bis über beide Ohren rot vor Stolz.

Jetzt drei Fragen an alle Detektive, die sich durch ein abgebrochenes Horn nicht auf die falsche Fährte locken lassen:

- Warum sucht Pommes nach Lauros Reitstiefeln und Reitkappe?
- Wo findet er das Foto der Zirkusziege?
- Wodurch unterscheidet es sich von dem Foto in der Zeitung?

Kugelblitz' Spickzettel

How was your flight?	Wie war Ihr Flug?
very good	sehr gut
What's (= what is) *the weather like in ...?*	Wie ist das Wetter in ...?
we're (= we are) driving to	wir fahren nach / zur ...
Is this your first trip to ...?	Ist dies Ihre erste Reise nach ...?
Are you hungry?	Haben Sie Hunger?
Do you like ...?	Mögen Sie ...?
what?	was?
Chips means fried potatoes.	*Chips* bedeutet gebackene Kartoffeln.
quick and cheap	schnell und billig
The river is good for fishing.	Der Fluss ist zum Angeln gut geeignet.
the farmhouse	der Bauernhof
right behind the hill	gleich hinter dem Hügel
Fury is getting better!	Fury geht es wieder besser!
really?	wirklich?
thank you so much	vielen Dank
my dear Pommes	mein lieber Pommes
I think	ich glaube
the goat belongs *to the Circus ...*	die Ziege gehört zum Zirkus ...
Let's (= let us) ask *the circus people!*	Lasst uns die Leute vom Zirkus fragen!

111

12. Lauro in Not

Lauro stapft durch den Regen. Er kocht vor Wut! Da hat er nun für diesen Mr X Ziegen geklaut und Pferde entführt – und jetzt will der Betrüger nichts dafür bezahlen! Und Isabella will immer noch nichts von ihm wissen. Wie er diese Zirkusleute hasst!

Nun schnüffelt auch noch dieser Detektiv hinter ihm her. Angeblich einer, der schon in Deutschland auf seiner Fährte gewesen ist. Isabella war wenigstens fair genug, ihn zu warnen, als er vorhin bei ihr im Zirkuswohnwagen auftauchte.

Seine Reitkappe haben die Polizisten mitgenommen! Nun, für die hat er sowieso im Moment keine Verwendung mehr. Er ist entschlossen, aus dem illegalen Pferdehandel auszusteigen. Soll sich diese Pferdemafia doch einen anderen Dummen suchen, der für sie Pferde klaut.

Wütend bahnt sich Lauro einen Weg durch den Wald. Wo soll er jetzt hin? Das

Pflaster ist ihm überall zu heiß unter den Füßen geworden: in Italien, in Deutschland und jetzt auch in England.

Er will so weit weg wie möglich. Das Beste ist, er setzt sich nach Australien ab. Aber dazu braucht er Geld: das Geld, das ihm dieser Mr X schuldet. Und die Pferdemafia aus Osteuropa – das versprochene Geld aus Bukarest ist auch schon seit drei Monaten nicht mehr eingetroffen.

Er beschließt, mit dem nächsten Zug nach London zurückzufahren und an der *Victoria Station* nach der rothaarigen Lola zu suchen, die damals den Kontakt zu Mr X hergestellt hat.

Der Regen hat aufgehört. Als er den Wald verlässt, stolpert er über eine Wurzel und fällt. Er flucht. So verdreckt kann er nicht zum Bahnhof. Er läuft zum Fluss, um sich notdürftig zu säubern.

„Sieh dir das an, Harry!", ruft Kugelblitz,
als sie nachmittags an der Themse ent-
langlaufen, um nach einem geeigneten
Angelplatz zu suchen. Er deutet auf Fuß-

abdrücke im feuchten Ufersand. „Wenn
mich nicht alles täuscht, dann sind das die
ungleichen Fußabdrücke von unserem
Pferderäuber – ganz frisch, keine zwei
Stunden alt!"

„*Oh, yes! You are right!*", ruft Harry überrascht.

„Dann treibt er sich noch irgendwo hier
in der Gegend herum", murmelt Kugelblitz.

„*Forget about fishing*", seufzt Harry und
fischt nach seinem Handy. Er fordert einen
Polizeihubschrauber an.

Eine halbe Stunde später fliegen sie über das menschenleere Weideland.

„Seht mal da!", ruft Kugelblitz plötzlich, der die Landschaft mit dem Fernglas absucht. Ein einzelner Mann strebt auf die noch ungefähr eine Meile entfernte Bahn-

station der nächsten Ortschaft zu. Als er den Polizeihubschrauber über sich erblickt, beginnt er zu rennen. Aber gegen die drei Männer im Polizeihubschrauber hat er keine Chance …

Hier die Frage an alle Detektive mit gutem
Langzeitgedächtnis:

- Wer ist Lola?

Kugelblitz' Spickzettel

forget about fishing . . . . vergiss das Angeln

13. Wer ist Mr X?

Lauro sitzt schon seit drei Stunden auf dem Polizeirevier. Er behauptet, dass er Jack Miller heißt und in Manchester geboren ist. Er hat auch Papiere, die auf diesen Namen lauten. Aber sein italienischer Akzent, seine ungleichen Füße und die Haarprobe beweisen, dass er lügt. Die Ausweise sind nicht seine eigenen. Gegen Abend gesteht er endlich: Die Papiere hat er von einer gewissen Lola. Sie gehört einer Bahnhofsbande an, die Papiere aller Art besorgt.

„Das kann ich bezeugen", bemerkt KK.

Durch Lola sei auch der Kontakt zu Mr X zustande gekommen. Der geheimnisvolle Auftraggeber beauftragte ihn, bestimmte Pferde zu entführen, um den Ausgang von Rennen zu beeinflussen.

„Meine Spezialität", versichert Lauro mit einem unangenehmen Grinsen.

Kugelblitz und Harry Brown sehen sich an.

„Und was steckt dahinter? Illegale Pferdezucht? Wettschwindel?", überlegt Kugelblitz laut.

Lauro nickt. Und dann packt er aus und erzählt auch von der Pferdemafia aus Ost-

europa, für die er in Italien und Deutschland Pferde geklaut hat.

„Und warum um alles in der Welt haben
Sie eine Ziege aus dem Zirkus geklaut?",
forscht Kugelblitz.

„Geklaut? Ich sollte sie bloß aus dem
Stall holen und zwei Männern übergeben,
die sie bei Nacht in einen dunkelblauen
Lieferwagen geladen haben", berichtet
Lauro. „Mehr hab ich damit nicht zu tun!"

„Wie sahen die Männer aus?"

Lauro gibt eine ziemlich gute Personenbeschreibung ab. Und dann kramt er einen

Zettel aus der Hosentasche und grinst:
„Ich hab die Autonummer aufgeschrieben,
für alle Fälle. War mir nicht sicher, ob die
Kerle auch pünktlich zahlen würden."

„*Excuse me*", sagt Brown und nimmt
den Zettel an sich.

Dann greift er zum Telefon und gibt die
Autonummer an die Fahndung durch.

Die tüchtigen Beamten finden schnell
heraus, dass das Auto auf eine Leihwagen-
firma zugelassen ist. Die beiden Männer,
die den Wagen am Tag des Banküberfalls
dort gemietet haben, finden sich bald. Sie

heißen mit Vornamen Joe und Humphrey.
Es sind die beiden Taschenfischer vom
Lastkahn auf der Themse!

„Ich denke, jetzt schließt sich der Kreis der
Beweise", sagt Kugelblitz, als er nach dem
Verhör mit seinem Freund Harry zusammen-
sitzt. „Der Banküberfall, die Entführungen
und die Pferdewetten hängen zusammen.
Wer den Schaden hatte, wissen wir. Aber
wer hat davon profitiert?"

„Good question!", murmelt Harry und
stützt nachdenklich das Kinn in die Hand.

Kugelblitz denkt laut nach: „Wir müssen
herausfinden, wer die Rennen gewonnen
hat, nachdem die Pferde ausfielen. Wer
hat hohe Wetteinsätze auf die Außenseiter
getätigt? Vielleicht kommen wir so diesem
geheimnisvollen Mr X auf die Schliche."

In mühsamer Kleinarbeit finden die
Spezialisten von *Scotland Yard* heraus,

wer hinter der ganzen Sache steckt: der
ehrenwerte Lord Hillroy!

Er war allzu verschwenderisch mit
seinem Geld umgegangen. Als es knapp

zu werden begann, wettete er auf Renn-
plätzen.

Ein paar Mal verlor er große Summen.
Da beschloss er, dem Wettglück etwas
nachzuhelfen. Das Wettbüro, an dem er
inzwischen beteiligt war, verwahrte die
Einsätze bis zur Auszahlung in der *City
Bank*. Daher wusste der Lord, wann es
sich lohnte, dort zuzuschlagen. Von dem
Safeschlüssel ließ er unbemerkt eine
Kopie anfertigen.

Auf die Idee mit der Ziege kam er, weil
er einen Zeitungsbericht gelesen hatte, in
dem eine Kuh die Überwachungskamera
eines Supermarkts ausgelöst hatte. Durch
das Aufsehen, das die Ziege erregte,
kamen seine Spezialisten ungehindert in
den Tresorraum. Und dann sorgte der
falsche Tierpfleger auch noch für den
problemlosen Abtransport der Million,
weil er einen Teil der Beute in seiner
großen Tasche aus der Bank schaffte.

Hillroy setzte das ganze Geld aus dem
Bankraub in Ascot auf einen Außenseiter,
der das Rennen dann auch tatsächlich
gewann, weil die Favoriten Castor und
Pollux nicht mitliefen. Und weil der in
Rennkreisen angesehene John Donne
mit seinem Wettbüro immer erfolgreicher
wurde, hat er ihm dabei gleichzeitig auch
eins ausgewischt.

„Dieser Hillroy ist ein mehrfacher Ver-
brecher, denn er hat obendrein noch
andere zu Verbrechen angestiftet", meint
Kugelblitz empört.

„*Now we'll get him!*", sagt Brown mit
grimmiger Miene zu Kugelblitz und
Pommes. „*Are you coming?*"

„*I'm coming!*", ruft Pommes. „Und dann
lassen wir sie zuschnappen, die ... wie
heißen die Dinger bei euch?"

„*Handcuffs!*", sagt Brown und grinst.
„Handschwellen?"

126

„Ja, Fremdsprachen muss man können!",
sagt Kugelblitz und schmunzelt vergnügt.
Er hat wieder beste Laune.

Kugelblitz' Spickzettel

excuse me . . . . Entschuldigung
good question . . . . gute Frage
Now we'll (= we will) get him! . . . Nun kriegen wir ihn!
Are you coming? . . . . Kommt ihr?
handcuffs . . . . Handschellen

Inhalt

Tucholsky Wagner Zola Scott Sydow Schlegel
Turgenev Wallace Fonatne Freud
Twain Walther von der Vogelweide Fouqué Friedrich II. von Preußen
Weber Freiligrath Frey
Fechner Weiße Rose von Fallersleben Kant Ernst Frommel
Fichte Richthofen
Engels Fielding Hölderlin Dumas
Fehrs Faber Flaubert Eichendorff Tacitus
Feuerbach Maximilian I. von Habsburg Fock Eliasberg Zweig Ebner Eschenbach
Ewald Eliot Vergil
Goethe Elisabeth von Österreich London
Mendelssohn Balzac Shakespeare Dostojewski Ganghofer
Trackl Lichtenberg Rathenau Doyle Gjellerup
Mommsen Stevenson Tolstoi Hambruch Droste-Hülshoff
Thoma Lenz Hanrieder
Dach Verne von Arnim Hägele Hauff Humboldt
Karrillon Reuter Rousseau Hagen Hauptmann Gautier
Garschin
Damaschke Defoe Hebbel Baudelaire
Descartes Hegel Kussmaul Herder
Wolfram von Eschenbach Dickens Schopenhauer Rilke George
Bronner Darwin Melville Grimm Jerome
Campe Horváth Aristoteles Bebel Proust
Bismarck Vigny Barlach Voltaire Federer Herodot
Gengenbach Heine
Storm Casanova Tersteegen Grillparzer Georgy
Chamberlain Lessing Langbein Gilm Gryphius
Brentano Lafontaine
Strachwitz Claudius Schiller Kralik Iffland Sokrates
Katharina II. von Rußland Bellamy Schilling
Gerstäcker Raabe Gibbon Tschechow
Löns Hesse Hoffmann Gogol Wilde Vulpius
Luther Heym Hofmannsthal Klee Hölty Morgenstern Gleim
Roth Heyse Klopstock Kleist Goedicke
Luxemburg Puschkin Homer Mörike
La Roche Horaz Musil
Machiavelli Kierkegaard Kraft Kraus
Navarra Aurel Musset Lamprecht Kind Kirchhoff Hugo Moltke
Nestroy Marie de France Laotse Ipsen Liebknecht
Nietzsche Nansen Ringelnatz
Marx Lassalle Gorki Klett
von Ossietzky May vom Stein Lawrence Leibniz Irving
Petalozzi Platon Knigge
Sachs Pückler Michelangelo Kafka
Poe Liebermann Kock
de Sade Praetorius Mistral Zetkin Korolenko